Pedro Calderón de la Barca

La inmunidad
del Sagrado

Barcelona **2024**
Linkgua-ediciones.com

Créditos

Título original: La inmunidad del Sagrado.

© 2024, Red ediciones S.L.

e-mail: info@Linkgua-ediciones.com

Diseño de cubierta: Michel Mallard.

ISBN tapa dura: 978-84-1126-015-2.
ISBN rústica: 978-84-9816-428-2.
ISBN ebook: 978-84-9953-226-4.

Sumario

Brevísima presentación

La vida

Pedro Calderón de la Barca (Madrid, 1600-Madrid, 1681). España.

Su padre era noble y escribano en el consejo de hacienda del rey. Se educó en el colegio imperial de los jesuitas y más tarde entró en las universidades de Alcalá y Salamanca, aunque no se sabe si llegó a graduarse. Tuvo una juventud turbulenta. Incluso se le acusa de la muerte de algunos de sus enemigos. En 1621 se negó a ser sacerdote, y poco después, en 1623, empezó a escribir y estrenar obras de teatro. Escribió más de ciento veinte, otra docena larga en colaboración y alrededor de setenta autos sacramentales. Sus primeros estrenos fueron en corrales.

Lope de Vega elogió sus obras, pero en 1629 dejaron de ser amigos tras un extraño incidente: un hermano de Calderón fue agredido y, éste al perseguir al atacante, entró en un convento donde vivía como monja la hija de Lope. Nadie sabe qué pasó.

Entre 1635 y 1637, Calderón de la Barca fue nombrado caballero de la Orden de Santiago. Por entonces publicó veinticuatro comedias en dos volúmenes y La vida es sueño (1636), su obra más célebre. En la década siguiente vivió en Cataluña y, entre 1640 y 1642, combatió con las tropas castellanas. Sin embargo, su salud se quebrantó y abandonó la vida militar. Entre 1647 y 1649 la muerte de la reina y después la del príncipe heredero provocaron el cierre de los teatros, por lo que Calderón tuvo que limitarse a escribir autos sacramentales.

Calderón murió mientras trabajaba en una comedia dedicada a la reina María Luisa, mujer de Carlos II el Hechizado. Su hermanó José, hombre pendenciero, fue uno de sus editores más fieles.

Personajes

El Hombre
Ángel II
La Gracia
El Mundo
La Culpa
La Tierra
La Justicia
El Agua
La Misericordia
El Fuego
La Malicia
El Aire
Ángel I
El Mercader
El Lucero
Músicos

Acto único

(Sale el Hombre huyendo con asombro.)

Hombre

¿Adónde, de la justicia
de Dios, delincuente huye
mi temor, si no es posible
que de su vista me oculte?
Pues, cuando pudiera de alas   5
vestirme y sobre las nubes
volar al cielo, en el cielo
está Dios; cuando procure
de esotra parte pasarme
del mar, será vuelo inútil,   10
pues también de esotra parte
del mar Dios está; cuando use
de los senos de los montes,
haciendo que me sepulte,
de sus más cóncavas quiebras,   15
la elevada pesadumbre
de los montes, en los senos
está Dios; y, cuando apure
todo el universo y quiera
que a él el abismo me hurte,   20
aun en el abismo Dios
está. Esperar a que enlute
sus luces el Sol, y a sombras
de la noche disimule
mi fuga, es error; que para   25
Dios aun las sombras son luces,
pues no hay día que le falte
ni noche que no le alumbre.
Y, supuesto que no hay
lugar que a mí me asegure,   30

no habiendo lugar que Él
en cielo y tierra no ocupe,
huya; no tanto porque,
que pueda esconderme, juzgue,
cuanto porque vea que hay   35
respeto en mí que rehúse
verle enojado. Y así,
sean mis solicitudes
que, ya que ha de hallarme, me halle
temeroso. Troncos, dulces   40
para mí un tiempo, ya amargos;
moradas flores y azules,
para mí un tiempo suaves
y ya ariscas, pues producen
vuestros matices espinas   45
que, más que halaguen, injurien;
si vuestras redes me amparan,
si vuestras hojas me encubren,
feliz seré aquel instante
que, hasta encontrarme, me busquen   50
los ministros de Justicia
que tras mí el jardín discurren.
Dadme, pues, en vuestro más
retirado albergue ilustre,
verde hospedaje en que pueda   55
esconderme.

(Al ir a subir al carro, que será un jardín con una fuente en medio, con una cruz y siete caños por remate, aparece a su puerta el Ángel I con una espada en la mano.)

Ángel I   ¿Dónde subes,
                        sangriento homicida?

Hombre   ¡Ten,
                            bello abrasado querube,
                            la espada, que —vara hoy
                            de justicia— hacer presume   60
                            prisión y castigo a un tiempo;
                            pues en ondeadas vislumbres
                            no hay vida que no amenace,
                            no hay muerte que no ejecute!

Ángel I   ¡Date a prisión!

(Bajan los dos al tablado y el Ángel le prende de la mano.)

Hombre   Si es sagrado   65
                            el centro que en sí me incluye,
                            ¿cómo en él prenderme quieres?

Ángel I   Como mi obediencia cumple
                            con llevarte a la real cárcel
                            del Mundo, que no me incumbe   70
                            a mí el juicio de si es
                            sagrado o no. Tú allá acude
                            a tus defensas.

(Llévale como por fuerza.)

Hombre   ¡Protesto!
                            ¡Cielo, Sol, Luna, astros, nubes,
                            brutos, aves, peces, fieras,   75
                            días, noches, sombras, luces,
                            troncos, copas, fuentes, flores,
                            montes, valles, mares, cumbres,
                            que me sacan de sagrado!

Ángel I	Será en vano que repugnes 80
	que de él te arroje.
(Cantado.)	¡Ah del mundo,
	inferior centro a quien cubre
	de ese dorado artesón
	la iluminada techumbre!

Música (Dentro.)	¿Qué quieres? ¿Qué mandas? ¿Qué dices?
	¿Qué ordenas? 85

Ángel I	Que atiendas, que oigas, que adviertas,
	que escuches.

(Cantado.)	¡Ah del mundo!

Eco I	¡Ah del mundo!

Eco II	¡Ah del mundo!

Ángel I	El frío letargo en que yaces sacude...

Los ecos	El frío letargo en que yaces sacude...

Ángel I	...que hay divina voz que te manda... 90

Los ecos	...que hay divina voz que te manda...

Ángel I	...que atiendas, que oigas, que adviertas,
	que escuches.

Los ecos	...que atiendas, que oigas, que edviertas,
	que escuches.

Hombre	Como blandos ecos oigo.

12

Ángel I	Que está en música, no dudes,	95
	puesta su fábrica, y, cuando	
	su todo habla, es bien se ajuste	
	a natural armonía.	

Hombre	¡Oh, mi llanto no la turbe!

Ángel I	¡Ah del mundo!

Los ecos	¡Ah del mundo!

(Salen Tierra, Mar, Aire y Fuego, asidos unos de otros a unos trozos de cadena que traerán en las manos, y el Mundo en medio del globo que formarán los cuatro, hasta que, empezando a representar, se aparta de ellos.)

Mundo	¿Quién llama?	100
	Ya que cláusulas comunes	
	de tierra, mar, aire y fuego,	
	que quiso Dios que circunden	
	los términos de mi esfera,	
	quiere también que articulen...	105

Él y Música	...que atienda, que oiga, que advierta,
	que escuche...

Mundo	¿Quién, pues, me llama?

Ángel I	Yo.

Mundo	Y, ¿qué
	quieres?

Ángel I	Que, pues te presumen

—o ya lo lamente Job,
o ya Pablo lo articule—,   110
cárcel de la vida cuantos
pedirán que desanude
Dios sus lazos y les saque
de humanas esclavitudes,
que, a fuer de alcaide, este preso   115
recibas y le asegures
con las prisiones de humano,
hasta que su causa juzgue
el claro Sol de justicia.

Mundo   ¿Qué delito hay que le imputen,   120
                  para asentar la partida,
                  y que de él cure o no cure?

Ángel I   Un voluntario homicidio.

Mundo   Malicia el delito incluye.

(Sale la Malicia.)

Malicia   ¡Y cómo que incluye, pues   125
                  consigo a mí me introduce
                  en las cárceles del mundo,
                  para que en la servidumbre
                  le asista de su prisión!

Ángel I   Ya que a ella te reduje,   130
                  con las esperanzas, Hombre,
                  de que los tiempos se muden...
(Cantado.)   ...llora, gime, padece, suspira y sufre.

(Vase.)

Los cuatro	Preso nuevo a la cárcel del Mundo acude;
	pague, pues, la patente.

Hombre	¿Qué daros pude?	135

Los cuatro y Música	Pues la entrada del mundo con eso cumples,
	llora, gime, padece, suspira y sufre.

Mundo	¡Elementos!

Los cuatro	¿Qué nos mandas?

Mundo	Que esa cadena que os une	
	eslabonados —haciendo	140
	que más el concepto apure—,	
	al ser cárcel —pues ninguno	
	los márgenes interrumpe	
	en que ceñido a guardar	
	su línea se constituye—,	145
	le pongáis; que, pues a cuatro	
	elementos se reducen	
	los cuatro humores, que son	
	de la ya mortal costumbre	
	ligaduras, no mal viene	150
	que vuestros lazos le anuden.	

(Pónenle las cadenas.)

Malicia	Y yo los remacharé,	
	pues en la Malicia suplen	
	visibles yerros los no	
	visibles que tras él truje.	155

Los cuatro	Preso nuevo los lazos del Mundo apure; pague, pues, la patente.
Hombre	¿Qué daros pude, si mi ser, ya que en eso la entrada cumple,...
Él y música	...llora, gime, padece, suspira y sufre?
Mundo	Trae el libro de la vida, 160 en que la partida apunte de la entrega de este preso.

(Saca un libro.)

Malicia	Aquí está.
Mundo	¡Oh blanco volumen, en que cuantos nazcan consten hasta que su cargo ajusten 165 y de la cárcel del mundo salgan, o bien donde purguen sus delitos, o mal donde los lloren!
Hombre	¡Qué horror infunde el verle!
Mundo	¿Cómo te llamas? 170
Hombre	Iglesia.
Mundo	Ese nombre dude. ¿Qué es Iglesia?

Hombre
Paraíso,
de cuyo nombre es bien use,
pues de él por fuerza me sacan.

Mundo
Y ¿qué es lo que de eso induces?

Hombre
La inmunidad de que goza
para que...

Mundo
Di.

Hombre
...no me juzguen
fuera de él, mientras que a él,
Mundo, no me restituyen
como a sagrado.

Mundo
Y ¿en qué,
cuando en aqueso te fundes,
fundarás que paraíso
sea Iglesia?

Hombre
En tres comunes
lugares, que sabrás cuando
dividir su nombre escuches
en tres: terrestre, celeste
y espiritual.

Mundo
¿Qué arguyes
de ellos?

Hombre
Que la Iglesia en todos
ser paraíso concurre.

Mundo
¿Cómo?

Hombre	Paraíso terrestre,	190
	si a Teodoreto construyes,	
	junta de frutos es, nombre	
	que a la Iglesia se reduce;	
	pues ella es junta de fieles,	
	que son frutos que fecunden	195
	cielos y tierras. Celeste	
	es también, pues le traduce	
	Tomás...	
Mundo	¿Qué?	
Hombre	...visión de Dios,	
	y la Iglesia no hay quien dude,	
	ser visión de Dios, pues es	200
	aquella ciudad ilustre	
	que verá la Apocalipsis.	
	Espiritual, si acudes	
	al Casense, pues dirá	
	que, como a mí con virtudes	205
	me puso en el paraíso	
	Dios cuando el alma en mí infunde,	
	así a su Hijo en la Iglesia	
	le pondrá, cuando se junten	
	divino y humano ser.	210
	Y Tertuliano concluye	
	en que, como del costado	
	mío a la mujer produje,	
	Cristo del suyo a su Iglesia.	
	Conque en tres sentidos pude	215
	—«terrestre para», «celeste	
	goce», «espiritual alumbre»—	
	fundar, no sin tres razones,	

que la Iglesia se intitule
el paraíso de Dios,   220
donde viva, reine y triunfe.
Y siendo así que ya Iglesia
y paraíso se aúnen
a ser uno mismo, bien,
cuando de él me destituyen,   225
pretendo valerme de ella,
y, acúseme o no me acuse
la Culpa, «Iglesia me llamo».

Mundo   Mientras el fuero renuncies,
la competencia se forme,   230
tu abogado lo articule,
tu procurador lo alegue
y la Justicia lo ajuste,
dar cuenta de ti me toca.
Di el nombre; sepa quién hube   235
a cargo.

Hombre   «Iglesia me llamo»;
y más no me lo preguntes,
porque no tengo otro nombre,
ni le he de tener, ni tuve.

Mundo   Cuando con eso te salgas   240
—que habrá quien lo dificulte—,
con restituirte solo
como te hallaron se cumple
con la inmunidad. Y así,
no será bien que aventure   245
yo las costas que en la cárcel
del Mundo causes; procure,
pues, asegurarlas. ¡Tierra!

Tierra	¿Qué quieres?

Mundo	Que no tributes,	
	desde hoy, al Hombre tus frutos,	250
	en que hago embargo.	

Tierra	No dudes	
	que, desde hoy, de mí no tenga	
	en mis haberes más útil	
	que comer de lo que afane	
	y beber de lo que sude.	255

Mundo	Mar, en tus aguas también	
	le hago embargo, solo guste	
	en terrestres minerales,	
	viciados tus arcaduces,	
	las amargas y salobres.	260

Agua	Y aun esas le haré que enturbie
	él mismo por no mirarse.

Mundo	De los alientos le acude,
	Aire, tú con solo aquéllos
	que suspirare.

Aire	Presumo	265
	que tan contados serán	
	que, al ver que los disminuye,	
	con cada uno estaré a mira	
	de cuándo el número cumple.	

Fuego	A mí no me digas nada.	270
	Yo le empañaré mis luces	

	de nieblas, y haré que, a tiempos,	
	relámpagos le deslumbren,	
	a truenos que le estremezcan	
	y a rayos que le atribulen.	275

Mundo   Agora, sin que las costas
del carcelaje me usurpes,
sigue el pleito o no le sigas.

(Vase.)

Los cuatro   Y lo que en la cárcel dures,
pues que nuestras patentes a eso reduces...   280

Ellos y Música   ...llora, gime, padece, suspira y sufre.

(Vanse.)

Hombre   Malicia, ¿cómo tú sola
no me dejas y no huyes
tú también de mí?

Malicia   Yo soy
un pobre diablo; no tuve   285
nada que en mí el Mundo embargue;
y así, sin que de mí cuide,
me dejó, porque se vea
cuán antigua es la costumbre
de no hacer el Mundo caso   290
del pobre.

Hombre   También resulte
saber que el Mundo no aparta
las malicias; mas procure

	apartarlas yo: conmigo	
	no vengas.	
Malicia	Mientras no triunfes	295
	con sentencia en favor, no	
	es posible que no dure	
	yo a tu lado.	
Hombre	Huiré de ti.	
Malicia	Seguiréte yo.	
Hombre	No apures	
	mi paciencia, que no hay vicio	300
	que siga a hombre que de él huye.	
Malicia	Sí hay, mientras lleva arrastrando	
	la cadena.	
Hombre	No me ayudes	
	tú a llevarla que, pues fueron	
	de ella mis ingratitudes	305
	los eslabones, yo solo	
	debo llevarla. Virtudes	
	celestiales, ya que fuistis	
	a mis ciegas inquietudes	
	ministros, seldo a mis quejas,	310
	y, en la acción que se introduce	
	de que el sagrado me valga,	
	duélaos el ver que procure	
	echar de mí a mi Malicia,	
	por más que aflijan y angustien	315
	mi vida acentos a quien	
	repetidamente escuche:	

Él y Música	Llora, gime, padece, suspira y sufre.

(Vase, llevando al hombro la cadena y, continuando la música, salen, como oyéndola a lo lejos, la Gracia, por una parte, y, por otra, la Culpa.)

Gracia	¿Qué hará en la cárcel agora el Hombre infelice?	
Música	Llora.	320
Culpa	En la prisión que le oprime, ¿qué hará agora el Hombre?	
Música	Gime.	
Gracia	Cuánto mi pecho enternece oír que, mísero,...	
Música	...padece.	
Culpa	Cuánto lisonjea mi ira oír que, afligido,...	325
Música	...suspira.	
Las dos	Y que, en mortal pesadumbre,...	
Las dos y la Música	...llora, gime, padece, suspira y sufre.	
Las dos	¡Malicia!	
Malicia	Dos me han llamado, y, indiferente a los dos,	330

responderé.

Las dos	¿Cómo?

Malicia (A la Gracia.)   A vos
(A la Culpa.)   alegre, y a vos turbado.
(A la Gracia.)   Alegre a vos, porque sé
                         que os ha de agradar deciros
                         que, en los ásperos retiros   335
                         del mundo, el Hombre se ve
                         abatido y desdichado.
(Llora la Gracia.)   Turbado a vos, porque infiero
(A la Culpa.)   que ha de pesaros cuán fiero
                         el extremo a que ha llegado   340
                         es, pues, su hacienda embargada,
                         perece el pobre señor,
(Alégrase la Culpa.)   si no es que de su sudor
                         coma. Mas la acción trocada
                         llego a ver, alegre vos,   345
                         vos triste.

Gracia   ¿No ha de pesarme
                         su pena?

Culpa   ¿No ha de alegrarme
                         su mal?

Malicia   No entiendo a las dos.
                         Decid, Culpa, ¿vos no fuistis
                         en favor de quien lidió   350
                         en aquel duelo?

Culpa   Sí.

Malicia	Y ¿no fuistis, Gracia, quien le vistis contra vos?
Gracia	Sí.
Malicia	¿Cómo os vio tan trocadas su desgracia?
Gracia	Como eso es ser yo la Gracia,... 355
Culpa	Y eso es ser la Culpa yo,...
Gracia	...que aun lidiando contra mí, he de sentir su dolor.
Culpa	...que aun lidiando en mi favor, me he de holgar de verle así. 360
Malicia	Quizá uno ni otro ha de ser.
Las dos	¿Cómo?
Malicia	Como en la prisión declina jurisdicción, diciendo le ha de valer el sagrado, de que ha sido 365 violentamente sacado.
Culpa	¿Cómo valerle sagrado a un Hombre tan forajido?
Malicia	¿Qué sé yo? Pues solo sé que, por nuevo nombre y fama, 370

dice que Iglesia se llama.

Culpa   ¿Iglesia?

Malicia   Sí.

Gracia   Ya en mí fue
fuerza ampararle.

Culpa   Primero
yo, como brazo seglar
a quien toca el castigar,   375
previne el juicio y espero
proseguirle.

Gracia   Yo también,
brazo eclesiástico, piensa
que sabré hacer su defensa.

Culpa   El crimen soy, ante quien   380
la cabeza del proceso
está fulminada.

Gracia   En mí
estilo ordinario es...

Culpa   Di.

Gracia   ...oponerme al duro exceso
de tus sañudas violencias.   385

Malicia   Ordinario y crimen ya
hay, ¿qué va que el pleito va
a Sala de Competencias?

Culpa	Yo llevaré la discordia
	de que consta su malicia 390
	al tribunal de Justicia.
Gracia	Yo, al de la Misericordia.
Malicia	Con que verán los mortales
	formar, en sus conferencias,
	la Sala de Competencias 395
	de diversos tribunales.
Culpa	No hará, porque, en caso igual,
	el Consejo Real es quien
	ha de juzgar.
Gracia	Está bien.
	Mas, ¿quién al Consejo Real 400
	le quita que, a estas sentencias,
	sea sala, su regalía,
	de competencias, el día
	que juzga de competencias?
Culpa	Fuerza es que ésta no se tuerza. 405
Gracia	Y fuerza estotra amparar.
Malicia	Conque se vendrá a fundar
	todo en si hace o no hace fuerza.
(Vase.)	
Culpa	¡Lucero!

(Sale el Lucero.)

Lucero   ¿A qué me has llamado?

Culpa   A que, pues viste el error   410
                       del Hombre, su relator,
                       un memorial ajustado
                       hagas dél.
Lucero   ¿Qué error mortal
                       hay, que en memoria no esté
                       mía? Poco o nada haré   415
                       en hacer el memorial.

Gracia   ¡Custodio!

(Sale el Ángel II.)

Ángel II   ¿Qué es lo que quieres?

Gracia   Que, pues te dio el cielo nombre
                       de procurador del Hombre,
                       vea el Mundo que lo eres   420
                       en esta causa.
Ángel II   Sí haré,
                       porque tenga en su desgracia
                       ángel de justicia y gracia.

Gracia   Pues llámale a que te dé
                       poder.

(Llega el Ángel a la prisión.)

Culpa   Antes que él aquí   425
                       poder dé a procurador,

	la confesión de su error ha de hacer.	
Gracia	¿Ante quién, di?	
Culpa	Ante quien le toca hacella.	
	¿Secretario de su vida,	430
	su conciencia convencida	
	no es? Examínele ella.	
	Verás cómo no la puede	
	su error negar.	

(Salen el Mundo y la Malicia, como arrojando al Hombre al tablado.)

Hombre	¡Ah, tirana	
	Culpa! ¿No basta ser tú	435
	de mis desdichas la causa,	
	sino hacerte agora parte	
	fiscal?	

Culpa	Claro es que no basta;	
	y pues principio asentado	
	ha sido en letras humanas	440
	y divinas que la Culpa,	
	al que hoy la sirve, mañana	
	le fiscaliza, pasemos	
	al estilo de la instancia.	
	¿Cómo te llamas?	

Hombre	Iglesia	445
	me llamo; y otra palabra	
	no esperes que de mí oigas;	
	que, el día que declinada	
	tengo la jurisdicción,	

tú no eres mi juez, y a nada   450
obligado a responderte
estoy; pues, cuando hacer haya
confesión, será de ti,
mas no a ti, sino a la Gracia,
a quien del sagrado toca   455
la inmunidad. Y así, ingrata
Culpa, pues apelo a ella,
vea el Mundo, puesto entre ambas,
que en ti pude cometerla
pero en ella confesarla.   460
Pequé, Gracia, contra ti;
esta confesión me valga
para que mi causa tomes
a cargo y, piadosa, salgas
a mi defensa.

Gracia   Poder   465
da al procurador.

Hombre   ¿No basta
el suyo?

Gracia   No, que han de ser
tus acciones voluntarias.

Hombre (Al Ángel.) Pues yo, voluntariamente,
te suplico que me valgas.   470

Ángel II   En esa resignación
incluyo el poder. Repara,
Mundo, que el preso no entregues
a jurisdicción contraria,
pues ves por ahora inhibida   475

la Culpa, pena de tantas
censuras, que llegarás
a ver muertas y apagadas
en agua todas tus luces.

Mundo   No pases a pronunciarlas,   480
                         que ya me asusta el juzgarme
                         tal vez anegado al agua
                         y tal consumido al fuego;
                         yo lo oigo y le tendré en guarda
                         en tanto que, el mandamiento,   485
                         la que venciere la instancia,
                         o bien de restitución
                         o bien de muerte, me traiga.

(Vase.)

Malicia   ¡No es nada lo que a decir
                         va de uno a otro!

Hombre   Declarada   490
                         la competencia —¡oh!—, el cielo
                         ayude mis esperanzas.

(Vase.)

Malicia   Aunque en esta confesión,
                         el Hombre de sí me aparta,
                         no bien de sí me echa, en tanto   495
                         que el cargo no satisfaga.
                         Y así habré de estar con él.

(Vase.)

Culpa	Aunque por el Hombre hagas finezas que no le debes...
Gracia	Aqueso, Culpa, es ser Gracia; 500 pues, a debérselas, fuera Justicia.
Culpa	...no me acobarda la competencia. En derecho sabré informar, que así arrastra mi ser las leyes; pues no 505 hubiera en la vida humana culpa si no hubiera ley: díganlo en sentencias varias Ambrosio, Agustín, Tomás. Pues, cuando en su culpa agrava 510 la transgresión de las leyes, claro está que quebrantarlas no pudiera sin saberlas; y así, en Derecho, mi instancia sabré fundar.
Gracia	Yo también 515 la mía, pues, a contraria razón, leyes sabrá quien las sabe para guardarlas.
Lucero	Pues ¿qué es, Culpa, lo que esperas?
Ángel II	Pues ¿qué es lo que esperas, Gracia? 520
Lucero	Al claro Sol de justicia en ruidosas voces clama, que al mundo estremezcan.

Ángel II	Tú,
	en sonoras voces blandas,
	que al cielo, Gracia, enternezcan, 525
	de misericordia llama
	también al Sol.
Lucero	Atendamos
	a cuál responderá de ambas.
Culpa	¡Oh tú, claro Sol de justicia, a quien sirve
	de sacro dosel el celeste zafir;... 530
Gracia (Cantado.)	¡Oh tú, de piedad claro Sol, a quien es
	sagrado sitial el purpúreo viril;...
Culpa	...tú, que a rumbos los ámbitos corres
	del orbe, ilustrando uno y otro cenit;...
Gracia (Cantado.)	...tú, que inmoble los ciñes, pues nunca 535
	se vio que tu oriente transcienda el nadir;...
Culpa	...tú, a cuyos rayos agobian los montes
	la más elevada y erguida cerviz;...
Gracia (Cantado.)	...tú, a cuyo albor, humildes los valles
	su falda guarnecen matiz a matiz;... 540
Culpa	...escucha mi voz, pues no por ser mía
	debió tu Justicia dejarla de oír;...
Gracia (Cantado.)	...atiende a mi llanto, pues debe, por mío,
	tu Misericordia a su ruego acudir;...
Culpa	...rasga, pues, a relámpago y trueno, 545
	las nubes que densas te embozan en sí;...

Gracia (Cantado.)	...las nubes que en sí te recatan, despliega en hojas de rosa, clavel y jazmín;...
Culpa	...y pues que por mí eres Sol de venganzas,...
Gracia (Cantado.)	...y pues de piedades Sol eres por mí,... 550
Culpa	...que te halle permite...
Gracia (Cantado.)	...permite te encuentre...
Culpa	...mi voz horrorosa!
Gracia (Cantado.)	...mi acento sutil!

(Suenan las chirimías y ábrese el carro del Sol, y vense dentro de él, sentados en un trono, la Justicia, con una espada desnuda, a la mano izquierda y a la derecha la Misericordia, con una oliva.)

Justicia	Ya, en solio de luz, el Sol de justicia, ioh Culpa!, te oye.
Misericordia (Cantado.)	Ya en trono feliz de estrellas, ioh Gracia!, el Sol de piedades 555 y misericordias también te oye a ti.
Culpa	Pues ya que, de más tribunales que uno,...
Gracia (Cantado.)	...su juicio compone quien va a competir...
Culpa	...en justicia,...

Gracia (Cantado.)	...en misericordia...,	
Culpa	...oíd,...	
Gracia (Cantado.)	...escuchad.	
Justicia	Empezad.	
Gracia (Cantado.)	Proseguid.	560

Culpa   Puesto, divina Justicia,
que prender al Hombre mandas
y das audiencia a la Culpa,...

Gracia (Cantado.)   Puesto, Piedad soberana,
que preso una vez el Hombre,   565
audiencia das a la Gracia,...

Culpa   ...ante ti, como fiscal
—pues es consecuencia clara,
ya lo dije, que la Culpa
es la acusación del alma—,...   570

Gracia (Cantado.)   ...como abogada ante ti
—pues cierto es ser abogada
la Gracia día que dijo
María quien dijo gracia—,...

Culpa   ...parezco a expresar agravios   575
de quien inhibirme trata
la jurisdicción, queriendo
que al Hombre el sagrado valga.

Gracia (Cantado.)   ...a implorar auxilios vengo,
para que al Hombre, a quien sacan   580

de sagrado sitio, a él
le vuelvan sus esperanzas.

Culpa (Cantado.)   ¡Justicia!

Gracia   ¡Piedad!

Ángel II   Y en clemencia...

Lucero   En venganza...

Ángel II y
Gracia (Cantado.)   ...tremola la oliva.

Culpa Y Lucero   ...esgrime la espada.

Justicia   Divina Misericordia,   585
ya una vez hecha la causa,
y siendo yo quien le prende
y a quien el delito agravia,
no puedes dejar de verla
tú en justicia.

Misericordia   La demanda   590
puesta una vez de que el Hombre,
pues del sagrado se ampara,
sea oído, tú tampoco
puedes dejar de aceptarla
en misericordia.

Justicia   Pues,   595
para que el relator traiga
el pleito y la relación
venga a hacer, el día señala

36

a su vista.

Lucero   Ya está aquí
                 la relación ajustada.   600

Ángel II   Sí, pero no están corridos
                 los términos que al reo faltan
                 de gozar.

Justicia   Pues en estado
                 venga, y las partes citadas,
                 que yo y la Misericordia,...   605

Misericordia   ...que yo y la Justicia,...

Justicia   ...hermanas
                 de un parto,...

Misericordia   ...hijas de un concepto,...

Justicia   ...un principio,...

Misericordia   ...una sustancia,...

Justicia   ...poder,...

Misericordia   ...ciencia,...

Justicia   ...amor,...

Misericordia   ...ministros...

Justicia   ...de la Causa de las causas,...   610

37

Misericordia	...la sala a la competencia formaremos.
Justicia	Y formada una vez, pronunciaremos sentencia que es bien a ambas;...
Misericordia	...a cuya vista, las puertas abiertas,...

615

Justicia	...a cuya instancia, público el juicio, dirá el tiempo,...
Misericordia	...dirá la fama...
Las dos	...que otra vez vuelva a verse si se restauran,...
Música	...otra vez vuelva a verse si se restauran,...

620

Las dos	...en los términos de otra legal batalla,...
Música	...en los términos de otra legal batalla,...
Las dos	...alegóricos duelos de Culpa y Gracia.
Música	...alegóricos duelos de Culpa y Gracia.

(Con la música y chirimías, vuelve a cerrarse la apariencia.)

Lucero	Para que la citación conste a la parte contraria...
Ángel II	Porque los términos corran sin atrasar esperanzas...

625

Lucero	...tú, Culpa, segunda vez, el cielo a bramidos rasga. 630
Ángel II	...segunda vez, Gracia, tú, a quejas el cielo ablanda.
Culpa	Sí haré, con David diciendo, cuando a Dios pida venganzas:
Gracia	Sí haré, en el Eclesiastés 635 diciendo cuando le amansa:
Culpa	«Para exaltarte a ejercer iras, Señor, te levanta».
Gracia (Cantando.)	«En el día del pecado, Señor, tu Piedad ensalza». 640
Lucero	Con ese terror no dudes...
Ángel II	Cree que con esa templanza...
Todos y Música	...otra vez vuelva a verse si se restauran en los términos de otra legal batalla alegóricos duelos de...

(Interrumpen canto y voces, clarines y cajas en el carro de la nave, y, dando vuelta, se ven en ella algunos marineros, y el Mercader en la popa, con banda, plumas y bengala.)

Todos (En la nave.)	¡Amaina, amaina!	645

Culpa	¿Qué misterioso bajel es el que, sobre las aguas, a tomar tierra, corriendo

viene mortales borrascas?

Gracia ¿Qué hermosa nave es aquella   650
que, a soplos de austros y auras,
aun con el alba viniendo,
viene sin romper el alba?

Lucero Parece que del Ofir
el rumbo tray. Y las blancas   655
flámulas de paz demuestran
ser el Mercader, que anda
buscando la margarita
preciosa.

Ángel II   En el rojo nácar
de sus jarcias más semeja   660
—según alegres se cambian,
de un encarnado arrebol,
cielo y tierra— que retrata
la nave del Mercader,
que ya de trigo cargada   665
viene a abastecer el mundo.

Culpa Aunque ambas señas son malas
para mí, pues margarita
o trigo me afligen ambas,...

Gracia Aunque para mí ambas señas   670
alientan mis confianzas...

Culpa ...no por eso he de dejar
de proseguir la empezada
notificación, que al viento
irá esparciendo mi rabia.   675

40

Gracia	Ni yo la que al cielo harán mis siempre piadosas ansias.
Ángel II	Pues diga tu amor...
Lucero	Pues digan tus sañas...

(Voces, música, cajas y trompetas, y todo a un tiempo, y da vuelta la nave.)

Todos	...que otra vez venga a verse si se restauran,	
	en los términos de otra legal batalla,	680
	alegóricos duelos de Culpa y Gracia.	

(Vanse los cuatro.)

Mercader	Amaina, amaina la vela,	
	y tome puerto en la playa	
	del mundo esta nave que hoy,	
	combatida de las aguas,	685
	triunfante se verá cuando	
	vea su vaga inconstancia	
	que no bastó a sumergirla	
	aunque bastó a zozobrarla.	

(Bajando al tablado.)

	Amaina, digo otra vez,	690
	y, pues que soy con quien hablan	
	esas repetidas voces,	
	da fondo y aferra el ancla	
	sin hacer salva a los montes,	
	que no faltará quien haga,	695
	dando al suelo paz y al cielo	

gloria, en mi venida salva.
Ninguno a tierra conmigo
venga, en consecuencia clara
de que nadie tomó tierra   700
como yo, y ser yo a quien llaman
alegóricos duelos de Culpa y Gracia.
¡Salve, oh cárcel de la vida,
cuyas prisiones me atan,
ya al yelo que me estremece,   705
ya al calor que me desmaya,
ya al cansancio que me aflige,
a la sed que me maltrata
y al hambre que me fallece,
sujeto a las destemplanzas   710
de mortales propensiones!
Salve y admite en tu estancia
al que, el logro de sus ciencias,
a hacer demonstración alta
de ser la Sabiduría,   715
en esa nave se embarca;
pues el día que, las dos
que litigan, una clama...

Él y Culpa (Dentro.)   ...«para exaltarle a ejercer
                        iras, Señor, te levanta»,... 720

Mercader   ...a tiempo que la otra dice
                        en más dulce consonancia...

Él y Gracia (Dentro.)   ...«en el día del pecado,
                        Señor, tu piedad ensalza»...

Mercader   ...claro está que soy yo a quien, 725
                        una y otra, a un tiempo llaman,

pues a la Misericordia
y Justicia invocan ambas,
siendo como son Justicia
y Misericordia, en sacra   730
competencia, cada una
entera mitad del alma;
y más cuando las dos dicen,
mezclando queja y templanza...

Todos (A un tiempo.) ...«para exaltarte a ejercer   735
iras, Señor, te levanta;
en el día del pecado,
Señor, tu piedad ensalza».

(Salen detrás de una reja, que estará en el tercero carro, el Hombre y la
Malicia con una caña y un sombrero en ella.)

Malicia   ¡Duélanse de aquestos pobres!

Hombre   ¿Qué es, Malicia, lo que tratas?   740

Malicia   Pues que por nuestra prisión
                 sucesivamente pasan
                 los siglos, a fuer de preso,
                 pedirles limosna. ¡Hagan
                 bien a estos encarcelados   745
                 tristes y afligidos!

Hombre   Calla,
                 Malicia, porque, si tú
                 la pides, ¿quién ha de darla?

Malicia   Quien la da a cojos hechizos
                 y mancos adrede.

| Hombre | Aparta, | 750 |
| | que a mí me toca pedirla. | |

| Malicia | Pues toma sombrero y caña. | |

| Hombre | ¿Para qué? Que esta limosna | |
| | pedirla con llanto basta. | |

| Malicia | Pues pídela con un salmo. | 755 |
| | Veamos con él lo que alcanzas. | |

(Vase.)

Mercader	La parte allí de la Culpa	
	castigo pide y venganza,	
	cuando piedad y clemencia	
	pide aquí la de la Gracia;	760
	conque entre Misericordia	
	y Justicia, en soberana	
	cuestión, dudara, a poder	
	dudar yo, escuchando a entrambas.	

Hombre	Desde el más profundo seno,	765
	Señor, más lóbrega estancia,	
	a ti clamé. Oye mis voces,	
	haciendo los oídos abra	
	de tus piedades la humilde	
	deprecación de mis ansias.	770

Mercader	Mas, tercera voz escucho,	
	a la parte que sonaba	
	la de la Gracia, trocando	
	en quien llora lo que canta.	

El Hombre es y dice:

Hombre	¿Quién	775
	sustener podrá a tu airada	
	justicia el golpe, si tú	
	sus iniquidades guardas?	

Mercader	Desde el calabozo gime.	
	¡Oh, qué de cosas retrata	780
	ver que desde un limbo diga!...	

Hombre	Desde la noche hasta el alba,	
	desde el alba hasta la noche,	
	Israel tenga esperanza	
	que está la Misericordia	785
	con el Señor, en quien se halla	
	copiosa la redención,	
	día que él mismo restaura	
	todas las iniquidades.	

(Vase.)

Mercader	En llanto la voz trocada,	790
	tras sí me lleva. ¡Mortal,	
	llora, que aunque en Dios no haya	
	más ni menos, hay un cierto	
	reservado amor que añada	
	accidental gloria el día	795
	que, el peso, hacia la balanza	
	de gracia y misericordia,	
	el fiel con el llanto carga!	
	¡Gracia!	

(Sale la Gracia leyendo en un libro.)

Gracia	¿Quién me nombra? Pero	
	no lo digas, que dejara	800
	de serlo si no supiera	
	quién eres; bien que, turbada	
	de verte en estos desiertos,	
	vida y sentidos se pasman.	
	¿Qué venida al mundo es ésta	805
	y en traje que me retrata	
	al muerto género humano,	
	de quien traes la semejanza,	
	como revivido en ti?	

Mercader	La de querer hacer sabia	810
	demonstración de mis ciencias	
	en la alegórica instancia	
	de la vista deste pleito,	
	enseñando al mundo cuánta	
	mi eterna sabiduría	815
	es. Y así, cuando sulcaba,	
	mercader de trigo y perlas,	
	esas salobres campañas	
	del mar de la vida, oyendo	
	las voces que al cielo daban	820
	Gracia y Culpa, tomé tierra;	
	y, aunque llamado de entrambas,	
	a ti me incliné primero	
	que a la Culpa. ¿Qué estudiabas?	

Gracia	Las leyes que he de alegar.	825

Mercader	Y ¿qué es lo que en ellas hallas?	

Gracia	Nada que no sea en el Hombre	

romperlas y quebrantarlas,
pues la natural y escrita
ofendió.

Mercader   Esas leyes pasa;   830
ve a la tercera, quizá
texto habrá que satisfaga
la acusación de la Culpa.

Gracia   Desde aquí las hojas blancas
del libro están todas.

Mercader   Pues   835
muestra, que yo he de llenarlas,
cumpliendo de ese volumen
lo que a la Escritura falta,
con la nueva información
que, en derecho, en favor haga   840
del Hombre, ya que a su llanto
me compadecí.

Gracia   Aunque nada
dudo en tu poder, tu amor
y tu ciencia, me acobarda
haber de verse en justicia   845
su pretensión, soberana
esencia, tan igual tuya,
tan tu ser, tan tu sustancia,
como la misericordia.

Mercader   Ley habrá que satisfaga   850
la justicia y restituya
al sagrado de su patria
al Hombre.

Gracia	¿Dónde está?

Mercader	Atiende.

(Hablan los dos aparte hojeando el libro, y salen por otra parte Lucero y Culpa con otro libro.)

Lucero   En fin, Culpa, que no hay tabla
                          de primera y de segunda   855
                          ley que infinito no agrava
                          del Hombre el delito.

Culpa   Y tanto
                          que le excluye y que le aparta
                          de cuantas defensas puede
                          la Gracia hacer, pues no alcanza   860
                          su poder a lo infinito
                          de su culpa. Pero, aguarda,
(Ve a los dos.)   ¿qué perdido pasajero,
                          ya de aquesa nave salga,
                          ya de esos montes descienda,   865
                          es el que con ella habla,
                          y en la ley, pues es su libro
                          el que hojean?

Lucero   No sin causa
                          me admira, Culpa, que tú
                          no le conozcas, ni haya   870
                          tenido yo más noticias
                          de él que tú.

Culpa   ¿Cuándo su entrada
                          sería al mundo que a los dos

se escondiese?

Lucero   No sé. Llama
al Mundo que nos lo diga,   875
pues a los umbrales se halla
de su prisión.

(Llega a la reja y en baja voz, llamándole, sale el Mundo.)

Culpa   ¡Mundo!

Mundo   ¿Qué es
lo que quieres?

Lucero   Que nos hagas
sabidores quién ha sido
aquel hombre.

Mundo   Si os espanta   880
no conocerle, a mí y todo,
con asombro de que haya
de haber pluma que decir
pueda que, al verle en su estancia,
aún no le conoció el mundo.   885
Llega tú a saberlo.

Culpa   Helada,
confusa, absorta, suspensa,
yerto el pecho, muda el habla,
balbuciente el labio, atado
el corazón, presa el alma,   890
al irme a acercar a él
mover no puedo la planta.

Mundo	Llega tú, pues que no puede llegar a él la Culpa.
Lucero	Tanta es la ira que al llegar 895 a hablar con él me arrebata que estaba por tomar piedras que usar, en vez de palabras.
Mundo	¿Huyendo vuelves?
Lucero	¿A quién su semblante no acobarda? 900
Mundo	¿Qué hará al Mundo, si a los dos turba?
Mercader	Con esto, en la sala alega esta nueva ley que a escribir voy, que en su instancia yo daré la explicación. 905
(Vase.)	
Gracia	Si tú las das, y a alegarla llega la Gracia, ¿quién duda, que será la «ley de gracia»?
(Vase.)	
Mundo	Síguele, Culpa.
Culpa	No puedo.

50

Mundo	Síguele, Lucero.	
Lucero	Vana	910
	es mi osadía.	
Mundo	¿Quién vio	
	al Mundo en confusión tanta	
	como un hombre ha introducido	
	en él?	
Culpa	Más es la que falta,	
	pues dijo que a escribir —según veloces	915
	a mí llegaron sus lejanas voces—,	
	en el monte se queda,	
	nueva ley que la Gracia alegar pueda,	
	y tan solo se halla	
	en él —con el fervor de meditalla—	920
	que, a sueño, sed, cansancio ni hambre atento,	
	solo con respirar vive contento.	
	Pobre porción conforta	
	su angustia, mas tan mísera, tan corta,	
	que es de solo silvestres frutas llena.	925
	¡Oh, no pase a viandas de otra cena,	
	mas pase al ver, cuando de estancia mude,	
	que será donde llore, gima y sude,	
	tan en sangre bañados sus verdores	
	que tiña en sacra púrpura las flores!	930
	Ya una vez meditada	
	la ley que ha de escribir, no bien cortada	
	caña la pluma infiero;	
	el papel, la corteza de un madero;	
	y la tinta, la sangre que derrama.	935
	¡Oh, ¿para cuándo?	

(Las chirimías y atabalillos.)

Lucero   Mira que nos llama
la salva en que se indicia
que la Misericordia y la Justicia
concurren ya.

Culpa   Pues lo historial dejemos
y a lo mixto alegórico tornemos.   940
Ven, que aunque nueva ley la Gracia arguya,
¿qué Iglesia hay a que al Hombre restituya?

(Vanse los dos.)

Mundo   ¿Quién creerá que ha quedado
el Mundo tan suspenso, tan turbado
que, hasta ver la sentencia   945
de tanta misteriosa competencia,
no cobrará perdidos los alientos?
Y así, asistido de los elementos,
a la vista he de hallarme; y bien lo fundo,
pues esta causa ha de constar al mundo.   950

(Las chirimías y atabalillos, y salen por una parte el Ángel I, la Tierra y el Fuego, el Lucero, la Culpa y la Justicia, con un coro de música; y, por otra, el Ángel II, el Mar y el Aire, la Gracia y la Misericordia, con otro coro; dan vuelta en dos alas al tablado, al compás de la música, hasta llegar a verse Misericordia y Justicia.)

Ángel I (Cantado.)   ¡Venid, mortales, venid;...

Ángel II   ...venid, venid a la vista...

Ángel I   ...del pleito que tratan la Gracia y la Culpa...

Ángel II	...y misericordia han de ver y justicia!	
Coro I	¡Venid, mortales, venid;...	955
Coro II	...venid, venid a la vista...	
Coro I	...del pleito que tratan la Gracia y la Culpa...	
Coro II	...y misericordia han de ver y justicia!	
Ángel II	Venid, que a todos os llama...	
Ángel I	Venid, que a todos os cita...	960
Ángel II	...el procurador de las misericordias.	
Ángel I	...el ejecutor también de las iras.	

Todos   ¡Venid, venid a la vista
del pleito que tratan la Gracia y la Culpa,
y misericordia han de ver y justicia! 965
¡Venid, mortales, venid;
venid, venid a la vista
del pleito que tratan la Gracia y la Culpa,
y misericordia han de ver y justicia!
¡Venid, que a todos os llama; 970
venid, que a todos os cita
el procurador de las misericordias,
el ejecutor también de las iras!

Tierra   La Tierra que te dio el fruto
bien es, Culpa, que te asista. 975

Agua	Y a ti, Gracia, el Agua, pues las lágrimas te ministra.
Fuego	Bien como Justicia, el Fuego, a ti que los rayos vibras.
Aire	Y a ti, gran Misericordia, el Aire con que suspiras.

Agua
Y a ti, Gracia, el Agua, pues
las lágrimas te ministra.

Fuego
Bien como Justicia, el Fuego,
a ti que los rayos vibras.

Aire
Y a ti, gran Misericordia,   980
el Aire con que suspiras.

Mundo
Conque, dividido el Mundo
en bandos, se significan
las diversas opiniones
que en esta causa militan,   985
haciendo que todos juntos
una y otra vez repitan:

Todos
¡Venid, mortales, venid,
venid, venid a la vista,
del pleito que tratan la Gracia y la Culpa,   990
y misericordia han de ver y justicia!
¡Venid, mortales, venid!
¡Venid, venid a la vista
del pleito que tratan la Gracia y la Culpa,
y misericordia han de ver y justicia!   995
¡Venid, que a todos os llama;
venid, que a todos os cita
el procurador de las misericordias,
el ejecutor también de las iras!

Misericordia
Otra vez a tus brazos   1000
rinda la oliva de mi paz.

Justicia
                                    En lazos
de opuesta unión, también miré embotada

yo otra vez la cuchilla de mi espada;
pues, por aquesta vista,
dirá el profeta poético salmista   1005
que se vio la verdad nacer del suelo,
y la justicia descender del cielo,
y que cuando una y otra se miraron,
la paz y la justicia se abrazaron.
Deja tú, a quien la puerta   1010
guardar tocó, la de este juicio abierta.

Ángel I
Ya lo está, pues ha entrado
a él todo el mundo.

Justicia
                         Llega; éste es tu lado.
El relator prosiga
el hecho.

(Siéntanse las dos; a la mano derecha la Misericordia.)

Mundo
               Y, en silencio, el Mundo diga   1015
que se atienda a la vista...

Él y música
...del pleito que tratan la Gracia y la Culpa,
y misericordia han de ver y justicia.

Lucero
En real jardín soberano
a un desafío salió   1020
el Hombre, en que muerte dio
a todo el género humano;
esconderse intentó en vano,
y, llevado a la prisión
del Mundo, es su confesión   1025
ser de sagrado sacado.

Ángel II
Y hasta volverle a sagrado

declina jurisdicción.

Justicia	La parte hable de la Culpa.

Culpa   En cuatro puntos fundado   1030
hace un criminal delito
mayor o menor su cargo.
Estos son: la gravedad
de él; por quién fue ejecutado;
contra quién; y con qué causa.   1035
Discurra agora en los cuatro.
Tan graves de este proceso
son todos, que en él no hallo
tan solo uno por quien deba
el reo ser escuchado   1040
en las defensas que intenta
jurisdicción, declinando
seglar; pues, cuanto a delito,
homicidio es voluntario;
cuanto a quien le cometió,   1045
una vil criatura; cuanto
contra quién, contra el Criador;
y la causa, tan liviano
interés como la fácil
golosina de un bocado;   1050
de suerte que no hay menor
circunstancia, menor rasgo
en el cuerpo del delito
que no esté a voces clamando
capital pena de muerte,   1055
pues que la ley quebrantando
natural, ni a Dios amó
ni al prójimo; y si pasamos
del derecho natural

divino al escrito en mármol,   1060
también natural divino,
veremos su soberano
precepto, tabla segunda,
ley quinta, tan quebrantado
que dice después su glosa   1065
—Mateo, evangelio cuarto—
«quien mata, muera», por boca
del legislador más sabio.
Hasta aquí la gravedad
del delito es; y pasando   1070
a quien le comete —atento
a ley que manda en tal caso
considerar la persona
y la causa del agravio—,
nada en su favor milita,   1075
pues, siendo considerado
el sujeto, es el vil polvo
del lodo, el mísero barro
del limo, que fue y será
gusano de los gusanos.   1080
Y, si vamos a la causa,
tan leve es que es un vedado
fruto solo —a quien gozaba
el dulce sabor de tantos—,
con que le agrava la ley   1085
—tocada también de paso—
de repúblicas, que hicieron
penas aparte al ingrato.
De suerte que, convencido
a que debe morir, vamos   1090
a que no debe gozar
la inmunidad del sagrado
—que es lo que a esta sala toca—,

primeramente, fundado
en que hay lesa majestad,   1095
pues contra Dios conspirando
pretendió ser como Dios;
y, aunque es principio asentado
que no le valga esención
de divino ni de humano   1100
fuero al traidor, no tan solo
de aquesta razón me valgo,
sino aun de otra mayor, que es
la consecuencia que saco
de todo este antecedente,   1105
para que aun de sus descargos
consten mis acusaciones.
El mismo primero espacio
donde cometió el delito
fue de donde fue sacado;   1110
o él era sagrado o no;
si no lo era, intenta en vano
valerse de él; si lo era,
él fue a quien se hizo el agravio,
pasándose de homicidio   1115
a sacrilegio, y es llano
que al que el sagrado violenta,
supuesto que sojuzgado
queda a su divino fuero,
valer no debe el sagrado.   1120

Misericordia   La parte hable de la Gracia.

Gracia   Sí haré, en estilo contrario;
                  pues cuanto asombrando dijo
                  la Culpa, diré llorando.

(Cantado todo esto en estilo recitativo.)

Lo grave del delito   1125
empiezo confesando
—y que está dignamente
a muerte condenado—,
para que en mí se vea
que defender no trato   1130
la parte de lo injusto,
sino la de lo sacro.
Y así, en cuanto a que sea
tal del Hombre el pecado
que le eche y destituya   1135
de su piadoso amparo,
aquella ley alego
del poder que ha gozado
la regia potestad;
pues que no se da caso   1140
que el príncipe no pueda
dispensar; y es en tanto
más rey en cuanto más
remite sus agravios:
más puede perdonar   1145
Dios que él pecar. Y en cuanto
a que el sagrado excluya
al que ofende el sagrado,
echadiza serpiente,
con alevoso trato,   1150
en él a la mujer
persuadió, con que es llano
que el engaño fue quien
le violó; y en tal fracaso,
vale el sagrado a quien   1155
le pierde por engaño.

Y es tanto lo que estima
Dios de él el culto santo
que ciudades enteras
—del Jordán hable el paso—   1160
manda que le dediquen,
solo porque en sus claustros
tengan los delincuentes
seguridad y amparo.
Y siendo así que dijo   1165
por Ezequiel su labio:
«en cualquier hora que
llore el Hombre escuchado
de mí será», y prosigue,
por él mismo jurando: 1170
«¡vivo yo!, que no quiero
—que hay juramentos santos—
del pecador la muerte,
sino humilde y postrado,
que se convierta y viva;   1175
bien su remedio aguardo».
Pues justo es con dos textos,
del mismo Dios entrambos,
y dos sagrados, pues
también son dos sagrados   1180
paraíso y Iglesia,
que uno le valga, cuando
tiene uno para paga
y otro para resguardo.

Culpa   ¿En qué ley ese segundo   1185
               sagrado hallas, que no alcanzo
               yo ni en natural ni en escrita?

Gracia   En la de Gracia.

Culpa	Aquí en blanco
	está lo demás del libro,
	¿qué ley es que no la hallo? 1190

(Sale el Mercader con la cruz que sacó al principio el cielo, y con terremoto se turban todos.)

Mercader	La que yo escribí con sangre
	en las cortezas de este árbol.
Culpa	Pues, ¿cómo...? Si... ¿Cuándo...? Yo
	no puedo mover el labio.
Lucero	Ni yo respirar alientos. 1195
Mundo	Ni yo no padecer pasmos.

(El terremoto.)

Unos	¡Qué admiración!
Otros	¡Qué prodigio!
Mundo	De mis elementos cuatro,
	igual es la confusión.
Misericordia	Deja asombrar los humanos. 1200
Justicia	Sí haré, y aun a los divinos.
Ángel I	Claro está, si aun yo me espanto.
Ángel II	Claro está, si aun tiemblo yo.

Culpa	A pesar de asombros tantos	
	no rendida —en vano aliento—	1205
	he de hablar —respiro en vano—:	
	peregrino mercader,	
	que ya de trigo cargado,	
	ya de hermosas margaritas,	
	en los estériles campos	1210
	del mundo, tomaste tierra,	
	del muerto género humano	
	revividas las cenizas,	
	¿qué ley es la que —pasando	
	de una metáfora en otra:	1215
	de mercader a abogado—	
	en favor alegar piensas	
	del Hombre?	
Mercader	La que ha citado	
	la Gracia, por quien verás	
	que «ley de gracia» la llamo.	1220
Culpa	Y ¿qué esperas conseguir	
	de ella?	
Mercader	Que, del Hombre el daño	
	viendo en los términos mismos	
	el remedio, sea al sagrado	
	restituido.	
Culpa	¿En los mismos	1225
	términos?	
Mercader	Sí.	
Culpa	Al cómo vamos.	

Por más que el Hombre confiese,
gima y llore su pecado,
siendo como es infinito,
no puede todo su llanto   1230
satisfacción infinita
dar en tan supremo grado
que satisfaga en rigor
de justicia. Y más hoy cuando,
de mí aclamada, a este juicio   1235
asiste.

Mercader   Sí puede, dado
que haya mérito infinito
que, divinamente humano,
por él satisfaga.

Culpa   ¿Cómo?

Mercader   Del primero Adán pasando   1240
la deuda al segundo Adán.

Culpa   Segundo Adán, ¿dónde o cuándo
le hay?

Mercader   Ve acordando el primero,
irás el segundo hallando.

Culpa   El primero Adán, del sumo   1245
poder de Dios, fue criado
a su hechura y semejanza
en el damasceno campo.

Mercader   De ese mismo poder fue,
si no criado, engendrado   1250

a imagen suya el segundo
Adán en el real palacio
de más superior esfera.

Culpa El primero, trasladado
del hermoso paraíso, 1255
fue al verde florido espacio.

Mercader También el segundo, pues
fue el primero feliz paso
que dio al bello paraíso
de un virgen fecundo claustro. 1260

Culpa La feria sexta o el día
sexto, a quien después llamaron
véneris, fue del primero
Adán el oriente claro.

Mercader El día viernes, del segundo, 1265
no fue oriente sino ocaso;
que en él, lo que erró naciendo
uno, otro enmendó expirando.

Culpa El primero, por hacerse
divino, quebró un mandato. 1270

Mercader El segundo, por cumplir
un decreto, se hizo humano.

Culpa La hora de prima sería
cuando, viéndose hermoseado,
se desvaneció soberbio. 1275

Mercader A esa hora misma fue cuando

se afeó, humillado, estotro
al improperio tirano
de sacrílegas salivas.

Culpa   La de tercia entró triunfando   1280
         éste en los reales jardines.

Mercader Esa misma, ensangrentado,
         salió de Jerusalén
         estotro para el Calvario.

Culpa   Entre ella y la sexta, éste   1285
         extendió al árbol la mano.

Mercader Y estotro, entre tercia y sexta,
         también extendió los brazos
         sobre el ara de la cruz.

Culpa   En ella gustó el bocado   1290
         dulce a él y amargo a todos.

Mercader Y en ella, el sabor trocado,
         probó el mirrado licor,
         dulce a todos y a él amargo.

Culpa   Del paraíso a la nona   1295
         fue por justicia sacado.

Mercader Por misericordia a él,
         fue a esa misma hora llamado
         otro homicida, sangriento,
         alevoso, temerario   1300
         facineroso, cruel
         y ladrón, que es, para el caso

de hoy, no poca consecuencia.

Culpa   ¿Qué importa, si desdichado
          y preso el primero Adán,   1305
          fue a esa hora condenado
          a comer pan de dolor?

Mercader Mucho, que en ella, el costado
          del segundo Adán, abierto,
          fuente fue de siete caños   1310
          de cuyos divinos siete
          sacramentos el más alto
          fue otro pan de vida.

Culpa   ¿Pan
          de vida?

Mercader   Sí, pues, dejando
          de ser pan, pasó a ser carne   1315
          y sangre, transustanciado
          debajo de sus especies
          mi cuerpo en su velo blanco.

Culpa   ¿Quién lo dice?

Mercader   Yo lo digo.

Culpa   Y ¿bastas tú?

Mercader   Sí, yo basto,   1320
          que soy la misma Verdad.

Culpa   No más, no más, porque a tanto
          prodigio, tanto misterio,

me deslumbro; y, confesando
que en términos me has vencido,   1325
dudo, gimo, tiemblo y pasmo.

(Cae a sus pies la Culpa amortecida.)

Lucero   Y yo, vencida la Culpa,
                áspid soy; tras ella arrastro,
                pecho por tierra, las duras
                escamas en que me abraso   1330
                hasta arrojarme a sus pies.

(Cae el Lucero también a sus pies, y con los versos que dicen, la Justicia
atraviesa la espada en la cruz que tiene el Mercader en la mano, y la
Misericordia la oliva, poniendo cada una el pie sobre los dos, de manera
que el Mercader, en medio con la cruz, la Culpa y el Lucero, postrados,
la Justicia y la Misericordia triunfando de ellos, forman las armas de la
Inquisición, con la cruz, la espada y la oliva.)

Justicia   Cuando no os rindierais ambos,
                os rindiera yo a los golpes
                de mi espada.

Misericordia   Yo, a los ramos
                de mi oliva.

Mundo   Cielos, ¿qué   1335
                jeroglífico han formado
                la cruz, la espada y la oliva,
                a sus plantas sus contrarios?

Justicia   El que escudo de la Fe
                será, habiendo yo llegado   1340
                a ver, del primero Adán

lo infinito del pecado,
con el mérito infinito
del segundo, restaurado;
tan en términos que, en todo   1345
rigor de justicia, me hallo
satisfecha; pues dirá
en su explicación Bernardo
que, hallándose a un tiempo Dios
de la justicia llamado   1350
y de la misericordia,
con ambas cumplió, dejando
a la justicia que muera
quien fue a muerte condenado,
pero, a la misericordia,   1355
que muera en mejor estado.
Y así, atenta a la divina
nueva ley de gracia, fallo
—pues la justicia es que muera
y la gracia a más descanso—   1360
que debe restituido
ser el Hombre del sagrado
a la inmunidad, supuesto
que el eclesiástico brazo
de la gran misericordia   1365
no hace fuerza en este caso,
día que el que satisface
sacrificio es voluntario.
Y así, Gracia, pues la nueva
ley que alegas ha sacado   1370
tan en favor la sentencia,
publícala desde el alto
monte tú, del Nuevo ya
Testamento.

Gracia	Feliz llanto
	fue el mío, pues, convertido	1375
	en dulce festivo canto,
	subirá al cielo.

Ángel II	Contigo
	iré, pues interesado
	soy como procurador.

Ángel I	Y yo con los dos, mostrando	1380
	que el Ángel, aunque el castigo
	ejerza tal vez mandado,
	siempre es amigo del Hombre.

Gracia	Ven, Mundo, porque, en estando
	publicada la sentencia,	1385
	abras tu seno, entregando
	el preso, pues mandamiento
	de restitución llevamos.

(Vanse los tres.)

Mundo	Id, que ya os sigo, porque,
	antes de entregarle, aguardo	1390
	saber quién me ha de pagar
	las costas que en mí ha causado.

Culpa	Y yo, antes que le entregues,
	vuelta del mortal desmayo,...

Lucero	Yo, antes que le restituyas,	1395
	vuelto del fiero letargo,...

Culpa	...le haré otro requerimiento.

Lucero	...y yo le echaré otro embargo.
Mercader	¿Qué es el tuyo, Culpa?
Culpa	Que sepa el Hombre que el sagrado 1400 que hoy le vale no es quedar libre, sino reservado por agora del delito, pues siempre queda obligado a la deuda de la Culpa. 1405
Lucero	El mío es que cada y cuando que yo le llegue a encontrar fuera de la Iglesia, usando mal de sus preceptos, puedo volverle a prender.
Mercader	A entrambos 1410 riesgos, remedio tendrá: el tuyo, Culpa, en el baño del bautismo; el tuyo, fiera, en el sacramento santo de penitencia; y el tuyo, 1415 Mundo, que a las deudas salgo del Hombre yo.
Mundo	¿Y qué tesoro podrá afianzar esos gastos?
Mercader	El tesoro de la Iglesia.
Los tres	Y ¿dónde está?

Mercader   En el soberano   1420
                    Sol de la misericordia
                    y la justicia. Sus rayos
                    vuelva a abrir; verás que, donde
                    una y otra se juntaron,
                    se coloca de este inmenso   1425
                    misterio la Fe, mostrando
                    que al bueno es misericordia,
                    bien como justicia al malo.

(Ábrese segunda vez el Sol y vese, donde se vieron Justicia y Misericordia, un altar, y en él, el Sacramento.)

                    Y esto a tiempo que la Gracia,
                    la sentencia publicando   1430
                    a cielo y tierra, despliega
                    en tornasoles y rasgos
                    de paz el hermoso iris
                    pajizo, azul, rojo y blanco,
                    diciendo, para que conste   1435
                    a todos misterio tanto:

(Sube en una elevación la Gracia y a sus lados los dos Ángeles y, desplegándose, queda formado un iris, quedando la Gracia en medio y los dos ángeles en los dos extremos.)

Gracia (Cantado.)   ¡Albricias, albricias, que el género humano,...

Ángel I   ...muerto del primer Adán a las manos,...

Ángel II   ...a las del segundo revive, gozando...

Los tres   ...nuevo paraíso en nuevo sagrado!   1440

71

Toda la Música	¡Albricias, albricias, y viva mostrando que, en los términos mismos, los mismos pasos, el remedio vino que vino el daño.
Mundo	Ya, pública la sentencia, la puerta a la prisión abro. 1445

(Abre el Mundo la cárcel y salen el Hombre y la Malicia.)

Malicia	¿Qué es lo que pasa por mí, que tan otro de ella salgo?
Hombre	Volverte a ser inociencia. Y, pues a tus pies postrado, hoy, Señor, misericordia 1450 y justicia veo en mi amparo, te suplico que, pues puedo, ya de la prisión en salvo, sagrado elegir, que sea no el de que fui desterrado, 1455 sino el de la Iglesia, donde continuamente adorando esté aquel gran Sacramento, milagro de los milagros de poder, ciencia y amor. 1460
Culpa	Fuerza es que, perdonado el Hombre, huya de él la Culpa.

(Vase.)

Lucero	Y fuerza es que yo, temblando, huya de aquel Sol divino.

(Vase.)

Mercader	Esa nave en que he buscado	1465
	la preciosa margarita	
	—que en la ley de gracia hallo—	
	para esposa de mi imperio,	
	y en que el trigo también traigo	
	—materia de aquel divino	1470
	Sacramento— tu sagrado	
	sea, pues es de la Iglesia	
	la nave. Sube a ella, en tanto	
	que a mi primer paraíso	
	vuelvo yo, significando,	1475
	que a mi primer patria vuelvo	
	triunfante.	

(Sube el uno al jardín y el otro a la nave.)

Hombre   Feliz me embarco
           en ella.

Tierra   Feliz quien dio
           materia a misterio tanto
           en los frutos de la tierra.   1480

Aire   Feliz el que dio a los labios
           aire con que se pronuncien
           las cinco palabras, dando
           a ella la forma.

Fuego   Feliz
           quien en su fuego ha inflamado   1485
           el corazón que le admita.

Agua	Feliz quien da agua a su llanto.	
Mundo	Feliz mundo el que se ve en el Hombre restaurado.	
Justicia	Feliz justicia que llega a verle justificado.	1490
Misericordia	Feliz la misericordia que ve a la gracia triunfando.	
Malicia	Y la inociencia feliz, restituida a su estado. Y más si, como es sentencia la que el perdón ha ganado, se dilatase el perdón a que la ganase el auto, cuando la nave a la vela se hace —inspirada del austro— con el Hombre; el Mercader sube al solio soberano, de su primer paraíso; y la Gracia, publicando la sentencia, mereciese decir en común aplauso.	1495 1500 1505
Todos	¡Albricias, albricias, y viva mostrando, que en los términos mismos, los mismos pasos, el remedio vino que vino el daño!	1510

(Sonando a un tiempo chirimías y música, y representando los demás, da vuelta la nave con el Hombre, el iris con la Gracia, el Mercader en el jardín, y el Sacramento en el Sol, con que, cerrándose las apariencias da fin el auto.)

Libros a la carta

A la carta es un servicio especializado para
empresas,
librerías,
bibliotecas,
editoriales
y centros de enseñanza;
y permite confeccionar libros que, por su formato y concepción, sirven a
los propósitos más específicos de estas instituciones.

Las empresas nos encargan ediciones personalizadas para marketing
editorial o para regalos institucionales. Y los interesados solicitan, a título
personal, ediciones antiguas, o no disponibles en el mercado; y las acompañan con notas y comentarios críticos.

Las ediciones tienen como apoyo un libro de estilo con todo tipo de referencias sobre los criterios de tratamiento tipográfico aplicados a nuestros
libros que puede ser consultado en Linkgua-ediciones.com .

Linkgua edita por encargo diferentes versiones de una misma obra con
distintos tratamientos ortotipográficos (actualizaciones de carácter divulgativo de un clásico, o versiones estrictamente fieles a la edición original
de referencia).

Este servicio de ediciones a la carta le permitirá, si usted se dedica a
la enseñanza, tener una forma de hacer pública su interpretación de un
texto y, sobre una versión digitalizada «base», usted podrá introducir interpretaciones del texto fuente. Es un tópico que los profesores denuncien
en clase los desmanes de una edición, o vayan comentando errores de
interpretación de un texto y esta es una solución útil a esa necesidad del
mundo académico.

Asimismo publicamos de manera sistemática, en un mismo catálogo, tesis
doctorales y actas de congresos académicos, que son distribuidas a través
de nuestra Web.

El servicio de «libros a la carta» funciona de dos formas.

1. Tenemos un fondo de libros digitalizados que usted puede personalizar
en tiradas de al menos cinco ejemplares. Estas personalizaciones pueden
ser de todo tipo: añadir notas de clase para uso de un grupo de estu-

diantes, introducir logos corporativos para uso con fines de marketing empresarial, etc. etc.

2. Buscamos libros descatalogados de otras editoriales y los reeditamos en tiradas cortas a petición de un cliente.